Ein Geschenk für

mit den besten Wünschen
von

Bestell-Nr. RKW 776
© 2010 by Reinhard Kawohl 46485 Wesel
Verlag für Jugend und Gemeinde
Bild Maximilian Kolbe mit freundlicher
Genehmigung des Maximilian-Kolbe-Werkes
Alle weiteren Fotos: Gabi Marks

Die Kurzandachten sind eine Auswahl der in
den Jahren 2001 bis 2010 ausgestrahlten Beiträge
für „NDR 2 - Moment mal".

Gestaltung und Zusammenstellung: RKW
Druck und Bindung: PROOST, Belgien
ISBN: 978-3-88087-776-4

www.kawohl.de

Eckhard Oldenburg
Gabi Marks

Moment-
aufnahmen

Vorwort

1:30 – eine Minute und dreißig Sekunden – ist das Zeitmaß im Radio und damit die Vorgabe für die maximale Länge auch für Andachten.

1:30 – heißt: keine Zeit für lange Betrachtungen oder ausführliche Erörterungen - aber genug Zeit, um einen guten Impuls zu geben.

Die Kurzandachten sind für „NDR 2 – Moment mal" geschrieben worden. Der Titel der täglichen Reihe im Rundfunk ist Programm: einen Moment mitten in den Alltag hinein. Die HörerInnen sind gerade im Auto unterwegs, bei der Essenszubereitung in der Küche, im Werkkeller usw. Da ist nur ein kurzer Augenblick – 1:30 – für einen Gedankenimpuls, der, wenn es gelingt, die Hörer zu einem wichtigen biblischen Aspekt hinführt.

So sind diese Kurzandachten der Versuch, einen wesentlichen Gedanken auf den Punkt zu bringen - oder besser gesagt: auf einen Doppelpunkt, denn was hier in 1:30 Minuten angedacht wird, soll zum Mit-, Nach- und Weiterdenken anregen. Und weil es zum Hören geschrieben wurde, kann man es auch gut zum Vorlesen verwenden.

Ohne Gabi Marks gäbe es dieses Buch nicht. Sie hat beharrlich darauf gedrungen, dass die Texte den Weg vom Radio ins Buch finden. Sie interpretiert durch ihre Bilder die Andachten mit ihrem besonderen Blick für fotografische Möglichkeiten.

Dieses Buch mit den Bildern möchte zum Betrachten einladen und dazu, das Angedachte weiter zu denken als Ermutigung zum Glauben.

Eckhard Oldenburg

Prosit Neujahr

„Das neue Jahr begrüßen wir mit „Prosit Neujahr". Genau genommen ein sehr gehaltvoller Wunsch, denn „Prosit" ist Latein und heißt übersetzt: Es möge nützen.

Gute Wünsche für ein Jahr, das gelingen soll.

Nützen können dazu auch gute Vorsätze. Der Beginn eines neuen Jahres ist für viele Menschen ein Anlass, sich etwas vorzunehmen. Endlich soll etwas geschehen oder endlich eine schlechte Gewohnheit aufhören.

Ein Vorsatz ganz anderer Art ist die Jahreslosung, so nennt man einen Vers aus der Bibel, der durch das Jahr begleitet. Er ist uns für die Tage, Wochen und Monate als Wegbegleiter vorangestellt, darum nenne ich ihn „Vor-Satz".

Eine dieser Jahreslosungen gefiel mir besonders gut:

„In Christus liegen verborgen alle Schätze der Weisheit und der Erkenntnis."

Das ist eine Art Ermutigung zur Schatzsuche, ein Schatz an Liebe und Einsichten, wie das Leben gelingen kann, nicht nur für mich persönlich, sondern auch miteinander. Und wo wir fündig werden können, ist angegeben: bei Jesus Christus!

Mein Vorsatz, zu dem mich dieser Vor-Satz ermutigt, lautet:

„Ich will mich in diesem Jahr auf Schatzsuche machen! Weisheit und Erkenntnis sind verlockende Schätze. Nicht nur Wissen anhäufen, sondern mehr von den tieferen Zusammenhängen des Lebens erkennen lernen, das kann für unser Leben von echtem Nutzen sein.

In diesem Sinne: „Prosit", es möge nützen!

In aller Ruhe

Auf dem Küchentisch liegt ein Zettel von meiner Frau. Ich lese und schmunzele. Was sie mir schreibt, hat ungewollt einen doppelten Sinn: „Komme erst später, also iss ruhig ohne mich."

Klar, sie meint, es ist okay, wenn ich mit dem Essen nicht auf sie warte.

Aber den Satz kann ich auch als kleine, liebevolle Ermahnung lesen: „iss ruhig". Also nicht mal schnell und hektisch, sondern in Ruhe.

So wie es ein weiser Mann einmal einem Gast erklärt hat. Der hatte ihn gefragt: „Woher kommt es, dass du so ruhig wirkst."

Die Antwort klang einfach: „Wenn ich sitze, sitze ich; wenn ich aufstehe, stehe ich auf; wenn ich gehe, gehe ich; wenn ich esse, esse ich." Der Besucher wandte ein: „Aber das mache ich doch auch!" „Nicht so ganz, oder? Wenn du sitzt, dann stehst du schon; wenn du stehst, dann gehst du schon; wenn du gehst, dann läufst du schon und wenn du isst, dann bist du schon wieder auf dem Sprung."

Es ist ein gesünderes Lebenstempo, das zu tun, was gerade dran ist. Als Gott die Zeit geschaffen hat, hat er genug davon gemacht – von Eile war da nicht die Rede. Also folge ich dem Rat meiner Frau, spreche mein Tischgebet und esse – in aller Ruhe.

Gott ist dabei

„Haben Sie sich denn schon eingelebt?"

Diese Frage wurde uns in den ersten Monaten seit unserem Umzug sehr häufig gestellt. Viele nette Menschen haben sich danach erkundigt. Sie wünschen uns, dass wir uns in der neuen Umgebung wohl fühlen und das möglichst schnell.

Ich habe diese Frage immer vorsichtig beantwortet und gesagt, das wir schon ganz gut angekommen sind in der schönen Stadt, in der wir jetzt wohnen.

Wer schon einmal richtig umgezogen ist, weiß, dass es etwas länger braucht, um sich einzuleben. Experten sprechen von zwei Jahren. Es ist noch nicht damit getan, dass man für die Möbel den richtigen Platz gefunden hat, die Bilder aufgehängt und die Kartons ausgepackt sind. Das ist schon viel. Doch dann fängt das Einleben erst an: die Umgebung und die Stadt kennen lernen, sich den Arbeitsplatz vertraut machen und in die neue Lebenssituation einfinden – eben hineinleben.

Vor allem hat es damit zu tun, Menschen kennen zu lernen. So richtig wohl und Zuhause kann man sich nur dort fühlen, wo man das Leben mit Menschen teilt. Wer umzieht, steht vor der Herausforderung, gute Nachbarschaften, neue Beziehungen und Freundschaften zu finden. Das heißt auch, Vertrauen zu wagen und zu finden.

So etwas braucht Zeit.

Für mich war bei all unseren Umzügen eine Zusage aus der Bibel eine echte Ermutigung. Gott sagt: „Ich will mit dir sein, wo du auch hinziehst."

Rund und schön

„Seht ihr den Mond dort stehen, er ist nur halb zu sehen …" – zwei Mal im Monat, wenn uns keine Wolken den Blick versperren, können wir den Erdtrabanten so am Himmel sehen. Halb – „und ist doch rund und schön", wie Matthias Claudius gedichtet hat. Und weiter heißt es in seinem Lied: „So sind wohl manche Sachen, die wir getrost belachen, weil unsere Augen sie nicht sehn."

„Ich glaube nur, was ich sehe" – ist also kein sonderlich kluger wenn auch weitverbreiteter Kommentar zum Thema Gott, Glauben und Leben. Es ist entweder ziemlich vermessen oder ziemlich naiv, nur das für wirklich zu halten, was wir mit unseren Augen sehen. Vieles, was für das Leben wesentlich ist, bleibt unseren Blicken verborgen.

Das gilt für Gott und es gilt auch für unseren Blick auf Menschen.

Wer die Sache mit dem halben und doch ganzen Mond verstanden hat, der wird vorsichtiger. Er belächelt nicht mehr so leicht die offensichtlichen Schwächen anderer. Wir sehen höchstens die Hälfte von dem, was ein Mensch wirklich ist.

Ja, es gilt sogar für die Halbheiten im eigenen Leben. Über die eigenen Fehler, die unerfüllten Wünsche und Hoffnungen vergeht einem zwar das Lachen. Wir könnten aber ein wenig getroster damit umgehen, wenn wir entdecken, dass Gott uns anders sieht. Er lacht nicht über unsere Halbheiten, sondern mit den Augen seiner Liebe betrachtet sind wir „rund und schön".

4

Zielführend

Wir haben jetzt auch einen Navi. Genauer formuliert, müsste ich sagen: eine Navi, denn die Stimme aus dem Gerät ist weiblich.

Wir haben also für unser Auto ein Navigationsgerät gekauft und seitdem sagt uns eine Stimme, wo es langgeht, wann wir abbiegen oder wie viele Kilometer wir weiter geradeaus fahren sollen. Auch ob wir umdrehen müssen, weil wir eine Abfahrt verpasst haben.

Wenn alles richtig eingestellt ist und gut geht, dann kommt am Ende der Satz „Sie haben ihr Ziel erreicht."

Wie wäre es wohl, wenn es für unsere Lebensreise ein Navigationsgerät gäbe? Ein kleines Kästchen mit Bildschirm, auf dem wir den Weg zu unserem Lebensziel ablesen können. Immer wenn es erforderlich ist, sagt uns eine Stimme, wo und wie es weiter geht. So würde uns ein satellitengestütztes System die Mühe eigener Entscheidungen abnehmen.

Eigenes Überlegen und Entscheiden mit der Möglichkeit des Irrtums ist überflüssig – der Lebensnavigator bringt uns schon ans Ziel.

Manche Menschen halten sogar Gott für so eine Art Lebensnavigator. Für einen Moment eine reizvolle, weil bequeme Vorstellung aber je länger je eher ein Horror. Ich werde nur noch gesteuert und gelenkt, verliere meinen persönlichen Gestaltungsraum.

Ich möchte lieber das einsetzen, was Gott mir für die Lebensreise gegeben hat: Mit Herz und Verstand selber überlegen und Entscheiden. Umkehren, wenn ich mich verfahren habe und mit Gottes Hilfe ans Ziel finden.

Im Hamsterrad

Ich bin ziemlich müde, als ich in die Wohnung komme. Es ist auch schon spät und die Ruhe im Haus zeigt mir, dass alle Familienmitglieder im Bett sind. Doch aus dem dunklen Esszimmer kommen Geräusche. Ich sehe nach. „Ach ja, der Hamster." Er rattert in seinem Rad, unser Haustier hat volles Tempo drauf. Schnell und noch schneller! Er kann das ganz gut, aber dann kommt er aus dem Takt und überschlägt sich. Ein Hamsterrollensalto vorwärts, einen Moment Irritation, und dann geht´s wieder rund. „Dummes Tierchen!", denk ich. Rennt und rennt und kommt keinen Meter voran in seinem Hamsterrad. Rotieren auf der Stelle – Energieverschwendung! Ich seh ihm schmunzelnd zu.

Da bleibt er plötzlich stehen und schaut zu mir hoch. Hat er meine Gedanken erraten und guckt mich etwas spöttisch fragend mit seinen Knopfaugen an? „Ach ja, du kluger Mensch, du bist ja auch so viel schlauer. Kommst du nicht gerade erst vom Schreibtisch? Wieder so ein Tag ohne richtigen Feierabend? Bist mal wieder rotiert, wie ich, im Hamsterrad. Hohes Lebenstempo, Termin an Termin, Besprechungen, Konferenzen, Tagungen, ständige Lebensbeschleunigung! Und, nun mal ehrlich, bist du wirklich vorangekommen?"

Ganz schön frech, der kleine Nager. Er steigt wieder ins Rad, rennt wieder los und ich denke: Er hat gar nicht so Unrecht, ich sollte öfter mal einen Moment innehalten, um nicht besinnungslos zu rotieren. Zeit für ein Gebet mit der Bitte an Gott, dass er mich in der Hektik und Fülle der Ansprüche das Wesentliche erkennen lässt.

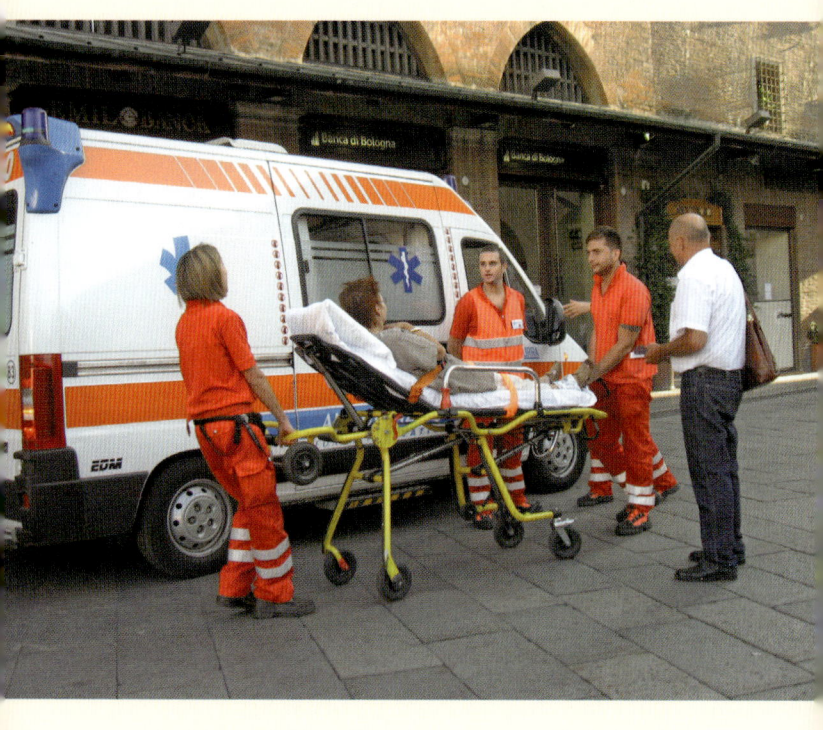

Auf Wunder hoffen

Es gibt kleine Filmszenen, da verschlägt es mir fast den Atem. In dem Krimi „Der letzte Zeuge" mit Ulrich Mühe als Gerichtsmediziner Dr. Kolmar: Er sucht für ein Münztelefon auf einer Krebsstation nach jemandem, der ihm einen Fünf-Euro-Schein in Münzen wechselt. Ein älterer Mann drückt ihm ein paar Euro in die Hand. Als der Gerichtsmediziner ihm den Geldschein geben will, sagt der Mann: „Behalten Sie's. Das ist das wenigste, was wir beide noch brauchen, ich und mein Krebs."

Schwarzer Humor? Sicher viel mehr. Denn der Schauspieler Mühe ist zu dem Zeitpunkt der Dreharbeiten selbst krebskrank und wenige Monate später gestorben. Eine solche Szene zu spielen, wenn es um einen selbst so bestellt ist – das hat Größe.

Kurze Zeit später im Film fragt sein Kollege, der Kommissar, ob die Menschen noch an Wunder glauben. Die Antwort des Gerichtsmediziners, vielleicht auch die von Ulrich Mühe: „Nein – aber sie hören nicht auf, darauf zu hoffen."

Auch wenn ich weiß, dass sich die Hoffnung auf Heilung im Blick auf den Schauspieler Mühe nicht erfüllt hat, will ich weiterhin zu den Menschen gehören, die hoffen.

Ich glaube, dass das Leben selber ein Wunder ist. Und gerade, weil es begrenzt ist, müssen wir uns immer wieder die Frage stellen: Was ist wirklich wichtig und wertvoll?

Auch, damit wir die kleinen Wunder nicht verpassen, weil wir auf ein großes Wunder warten.

Geschmacksache

Das Plakat prangt unübersehbar am Ausgang der S-Bahn-Station. Ein Mann Mitte fünfzig hält eine Tafel Schokolade in der Hand. Im Hintergrund sind zahlreiche andere Sorten abgebildet. „Blöd – wer eine isst, verpasst zwanzig andere."

Eine Werbung mit einem Slogan wie eine treffende Zeitansage. Wer die Freiheit der Wahl hat, hat die Qual, sich festzulegen. Man könnte dann zwanzig andere Möglichkeiten verpassen.

Immer mehr Menschen entscheiden sich darum lieber nicht, legen sich nicht fest. Sie probieren von allem immer nur ein bisschen – beim Fernsehen, bei Veranstaltungen und Einladungen, in Beziehungen und auch in Sachen Religion.

Es sei denn, jemand hat seine Lieblingssorte gefunden und die schmeckt konkurrenzlos gut.

Glaube als Geschmacksache? Warum nicht! In der Bibel steht im 34. Psalm: „Schmeckt und seht, wie freundlich Gott ist. Wohl dem, der auf ihn traut."

Klar – bei Gott geht es um mehr als um Schokolade oder die süßen Seiten des Lebens. Aber manche Menschen müssen überhaupt erst einmal auf den Geschmack kommen, um zu erfahren, wie gut Gottes Liebe tut.

Dazu ist es nötig, es mal zu probieren, mit dem Beten zum Beispiel. Dann kann man erfahren, wie wohl es tut, auf Gott zu vertrauen.

Dankbar für jeden Tag

„Herzlichen Glückwunsch zum 70. So wie Sie aussehen, könnte man glatt meinen, es wäre Ihr 60. Geburtstag."

Der Gratulant vor mir gibt sich alle Mühe mit einem charmanten Kompliment gegenüber der Gastgeberin. Doch bei ihr ist er damit an der falschen Adresse.

Sie antwortet freundlich aber bestimmt:

„Das ist sicher nett gemeint, aber eigentlich ziemlich grässlich. Ich werde heute siebzig und ich möchte auch so aussehen. Denn mein Leben hat Spuren hinterlassen. Ich habe Kratzer und Beulen, die sieht man und innen an meiner Seele sind auch noch welche. Ich habe Falten und graue Haare, die gehören zu mir. Ich finde den Jugendlichkeitswahn unserer Zeit schrecklich. Und wissen Sie, was ich für ziemlich gottlos halte? Anti-aging-Creme. So'n Zeug, das man sich ins Gesicht schmiert, damit es so aussieht, als würde man nicht älter. Das werde ich aber jeden Tag. Ist nicht immer schön, aber ich bin Gott für jeden Tag dankbar. Mein Leben hatte Höhen und Tiefen, wie das bei anderen auch ist. Ich bin dankbar, wenn ich zurückschaue. In der Bibel steht ‚Unser Leben währt 70 Jahre und wenn's hoch kommt, so sind's 80 Jahre.' Mal schauen, ob es hoch kommt. Das haben wir ja nicht in der Hand. Mein Leben ist in Gottes Hand und das seit siebzig Jahren. Und das darf man ruhig sehen."

Nach diesen Worten des Geburtstagskindes blieb mir nur noch zu sagen: „Herzlichen Glückwunsch zum Geburtstag und weiterhin Gottes Segen."

Was nicht zu kaufen ist

Mitten im großen Kaufhaus warte ich beim Einkaufsbummel auf meine Frau. Ich schaue mich um, lese die Schilder „Top-Angebot", „Super-Sonderpreis", „nur heute", „Zugreifen". Wirklich interessant aber finde ich die Menschen und ihre Gesichter. Vielen kann man ansehen, dass Einkaufen nicht nur Vergnügen, sondern sehr wohl Anstrengung bedeuten kann. Vor allem die drei jungen Leute, die jetzt die Rolltreppe herunterkommen, sind im Stress und haben ihn offensichtlich miteinander.

Gerade als die drei bei mir vorbeigehen, bleibt die junge Frau stehen und sagt laut zu ihren beiden Begleitern: „Kann mir mal jemand sagen, was wir hier eigentlich wollen." Der Ärger steht ihr ins Gesicht geschrieben. Betretenes Schweigen. Dann bahnen sie sich schnell ihren Weg Richtung Ausgang.

Ich bleibe zurück und denke: Vielleicht waren die drei im falschen Geschäft oder haben das Gesuchte hier nicht gefunden.

Wie der Frau im Kaufhaus geht es manchen Menschen in ihrem Leben: Umgeben von vielen Angeboten und Möglichkeiten kann ihnen keiner so recht sagen, was sie überhaupt suchen.

Klar, Shopping kann Spaß machen und ein neues Jackett oder der neue Computer bringen Freude – vorübergehend wenigstens. Doch was Menschen darüber hinaus eigentlich suchen, gibt es nicht zu kaufen. Liebe, Zuwendung, Freundschaft, Annahme und Geborgenheit. Die hat kein Kaufhaus im Angebot. Dazu braucht der Mensch Beziehungen, zu Menschen und zu Gott. Die gibt es nur gratis.

Liebe üben

„Am liebsten", sagt mein Sohn und schneidet sein Brötchen auf, „würde ich alle Melodien, die ich kenne, auf dem Klavier spielen können." Große Wünsche zum Tagesbeginn! „Dann solltest du vielleicht gleich nach dem Frühstück anfangen mit dem, was du bis zur nächsten Unterrichtsstunde üben sollst", rate ich ihm. Typische Elternreaktion – ich geb's ja zu, aber ich versuche ihm klarzumachen, dass Talent alleine nicht ausreicht. Alles, was wir können, haben wir irgendwann mal eingeübt. Laufen, Schreiben, Lesen, Fahrradfahren, ein Musikinstrument spielen, usw. Kein Sport ohne Training, überall gehört das Üben dazu. Das gilt nicht nur für die praktischen Fertigkeiten des Lebens, auch Einstellungen und Haltungen, Handlungsweisen können eingeübt werden. Ja, nach einem Wort der Bibel kann ich sogar das wohl Anspruchsvollste einüben: „Es ist dir gesagt, Mensch, was gut ist und was Gott bei dir sucht. Gottes Wort halten und Liebe üben."

Liebe zu den Menschen ist demnach nicht nur eine Gabe des Himmels oder eine Begabung. Auch große Dinge können mit kleinen Schritten eingeübt werden, z.B. Vergebung statt Vergeltung: „Ich bitte dich um Entschuldigung!", „Ich verzeihe dir!" Mitmenschlichkeit und Nächstenliebe ist Übungssache. Nicht sofort zu allen auf einmal und von jetzt auf gleich. Es ist ja noch kein Meister vom Himmel gefallen. Aber mit dem Üben kann ich schon einmal anfangen und dabei von Jesus lernen, der vom Himmel gekommen ist, um uns die Liebe zu zeigen und den seine Anhänger „Meister" nannten.

Auf ungeraden Linien

„Willkommen im Hundertwasser-Bahnhof Uelzen! Ihre nächsten Reisemöglichkeiten…". Diese Ansage lockt immer wieder Reisende in den Zügen an die Fenster. Sie wollen einen Blick werfen auf den umgestalteten Bahnhof. Er wurde nach Plänen des Künstlers Friedensreich Hundertwasser architektonisch verschönert. Viel Farbe, viel Natur, viel Spielerisches und viele Formen und vor allem: keine geraden Linien!

Denn, so der Grundsatz Hundertwassers: „Die gerade Linie ist gottlos, sie kommt in der Schöpfung nicht vor." In diesem kämpferischen Motto entdecke ich Ermutigendes, denn unser Leben verläuft ja auch nicht immer nur auf geraden Linien. Dietrich Bonhoeffer hat dazu geschrieben: „Ich glaube, dass auch unsere Fehler und Irrtümer nicht vergeblich sind und dass es Gott nicht schwerer ist, mit ihnen fertig zu werden, als mit unseren vermeintlichen Guttaten und dass er auf aufrichtige Gebete und verantwortliche Taten wartet und antwortet."

Niemand kann und muss alles richtig machen. Wer versucht, verantwortlich zu handeln, riskiert Fehler und Irrtümer, Schwächen und Irrwege, Scheitern und Versagen. Ein Blick in die Bibel zeigt: Auch die Männer und Frauen in Gottes Geschichte mit den Menschen waren alles andere als fehlerlose Glaubenshelden mit blütenreiner Weste. Wie gut, dass Gott nicht nur mit dem etwas anfangen kann, was wir meinen, gut gemacht zu haben.

BITTE LANGSAM FAHREN

Kleine Schubser

Auf dem Amsterdamer Flughafen hat man Aufkleber in die Urinale der Herrentoiletten geklebt. Sie zeigen kleine Stubenfliegen. Die Folge dieser Aktion: die Herrentoiletten waren 80% sauberer als vorher.

Solche kleinen Maßnahmen, die das Verhalten von Menschen beeinflussen, nennen Wissenschaftler der Universität Chicago „nudges" zu deutsch „Schubser" – kleine Anstöße, Hinweise, Erinnerungen, auch mal zurückhaltende Warnungen. Statt großer Vorschriften, Verordnungen und Verboten sind es kleine „Schubser", durch die Menschen zum Nachdenken, zur Einsicht und wenn es gut geht, zu einem veränderten Handeln bewegt werden.

„Nudges" gibt es schon in der Bibel.

Einem Mann, der wissen will, wer eigentlich sein Nächster ist, um wen er sich kümmern soll, erzählt Jesus eine Geschichte: Ein Mann wird von Räubern überfallen, ausgeraubt, zusammengeschlagen und halbtot zurückgelassen. Zwei sehr religiöse Menschen kommen den gleichen Weg entlang, gehen aber an dem Verletzten vorbei ohne ihm zu helfen. Nur ein Samariter, ein Ausländer, schaut nicht weg, sondern hat ein Herz für den Hilfsbedürftigen und kümmert sich um ihn.

Am Ende fragt Jesus seinen Gesprächspartner: „Was meinst du, wer von den dreien hat an dem Überfallenen als Mitmensch gehandelt?" – Antwort: „Der, der ihm geholfen hat."

Jetzt braucht es nur noch einen Nudge, einen Schubser, von Jesus: „Dann geh und mach du es ebenso."

Trotzige Ermutigung

Es gibt so Tage, an denen ich mich frage, ob das, was ich tue, überhaupt sinnvoll ist.

Was bleibt von dem, was ich heute geschafft habe? Der Umgang mit den Menschen ist oft so schwierig und mühsam. Lohnen sich die Bemühungen und der Einsatz von Zeit, Kraft und Nerven? Manchmal ist mir wie Sysiphos – der aus der griechischen Sage. Er musste einen großen Stein den Berg hoch rollen, der dann kurz vor dem Ziel über ihn hinweg wieder runter rollte. Letztlich also alle Mühe vergeblich.

Für solche Tage sind mir Worte von Mutter Teresa, der kleinen großartigen Frau aus den Slums von Kalkutta, wichtig geworden:

„Die Leute sind unvernünftig, unlogisch und selbstbezogen – liebe sie trotzdem.

Wenn du erfolgreich bist, gewinnst du falsche Freunde und echte Feinde – sei trotzdem erfolgreich.

Das Gute, das du tust, kann morgen schon vergessen sein – tu trotzdem Gutes.

Ehrlichkeit und Offenheit machen dich verletzbar – sei trotzdem offen und ehrlich.

Was du in jahrelanger Arbeit aufgebaut hast, kann über Nacht zerstört werden – baue trotzdem.

Deine Hilfe wird wirklich gebraucht, aber die Leute greifen dich vielleicht an, wenn du ihnen hilfst – hilf ihnen trotzdem.

Gib der Welt dein Bestes und es wir dir niemand danken – gib trotzdem dein Bestes."

Es gibt so Tage, da brauche ich diese trotzigen Ermutigungen.

Verantwortung annehmen

Am 9. April 1945 wurde Dietrich Bonhoeffer im Konzentrationslager Flossenbürg umgebracht, erhängt.

Er gehörte zu den Christen, die sich aus ihrem Glauben heraus für den Widerstand gegen das Unrechtsregime der Nazis entschieden hatten. Er hatte schon früh, 1933, erkannt, dass es darauf ankommt, gegen Unrecht aufzustehen. „Nur wer für die Juden schreit, darf auch Kirchenlieder singen.", war einer seiner markanten Aussagen.

Zwei Dinge waren für ihn entscheidend wichtig: Beten und Tun des Gerechten. Das Bekenntnis zu Christus und das Eintreten für die Menschen und gegen Unrecht – das gehörte für den Theologen untrennbar zusammen. Persönlicher Glaube zieht sich nicht ins Private zurück. Er führt zur Übernahme von Verantwortung.

Darum hat sich Bonhoeffer dem Widerstand gegen das Nazi-Regime angeschlossen. Er hat das mit einem Vergleich begründet: „Wenn ein Wahnsinniger über den Gehweg am Kurfürstendamm fährt, dann habe ich nicht nur die Pflicht, die Toten zu beerdigen und die Trauernden zu trösten, sondern ich muss den Fahrer vom Steuer reißen. Hitler ist dieser Wahnsinnige."

Dietrich Bonhoeffer ist ein Vorbild für ein Christsein, das aus dem Vertrauen zu Gott lebt und handelt – auch wenn es ins Leiden führt.

Im Morgengrauen des 9. April 1945 ist er mit 39 Jahren gestorben. Die letzten von ihm überlieferten Worte sind: „Das ist das Ende – für mich der Beginn des Lebens."

Lieben mit ganzem Hirn

„Wer sein Gehirn auf umfassendste Weise nutzen will, muss Lieben lernen." In diesem Satz hat der Göttinger Professor Gerald Hüther die Erkenntnisse seiner Hirnforschung gebündelt. Er macht deutlich, dass unser Gehirn nicht nur zum Denken da ist, es ist auch der Sitz unserer Gefühle. Und das entwickelt sich weiter, wenn wir ihm Anregungen geben. Wer mit seinen Mitmenschen und der Mitwelt aufmerksam, behutsam und einfühlsam umgeht, der muss hellwach sein, also sein Gehirn gut nutzen. Es wird dabei zu Höchstleistungen herausgefordert. Rücksichtslosigkeit braucht nicht viel Hirn. Es gehört nicht viel dazu, nur an sich selbst zu denken. „Unser Sozialorgan" nennt Professor Hüther darum unser Gehirn. Denn Lieben, dafür sorgen, dass es anderen gut geht, das ist gut für unser Gehirn. So wird es zur Weiterentwicklung herausgefordert, wenn wir mit wachen Sinnen unsere Umwelt und Mitmenschen achtsam wahrnehmen, das haben die Forscher herausgefunden.

Jesus aus Nazareth war sicher kein Hirnforscher, aber Menschenkenner. Es ist bemerkenswert, wie nah seine Grunderkenntnis diesen Einsichten ist: „Du sollst Gott lieben von ganzem Herzen, von ganzer Seele und mit aller deiner Kraft und deinen Nächsten wie dich selbst." Das ist gut, das tut gut und ist gut für die Nutzung dessen, was uns Gott geschenkt hat: Ein Gehirn – und das nicht nur zum Denken, sondern vor allem zum Lieben.

Fröhlich und frei

„Lieber Gott, mach mich krumm, dass ich in den Himmel komm!" Es ist schon über 30 Jahre her, dass mein Spielfreund Knut dieses Gebet bei meiner Geburtstagsfeier gebetet hat. Wir Jungs wollten uns gerade über den selbstgebackenen Kuchen meiner Mutter hermachen, da fragte eine der Erwachsenen, ob wir denn nicht erst ein Tischgebet sprechen wollten? Erst verdutztes, betretenes Schweigen, doch dann übernahm Knut die Sache: „Lieber Gott, mach mich krumm …"

Wir konnten uns kaum halten, um nicht loszuprusten, aber Knut verstand überhaupt nicht, worüber wir lachten. Er wusste nicht, dass das Gebet eigentlich heißt: „Lieber Gott, mach mich fromm, dass ich in den Himmel komm."

Ich bin seit jenem Kindergeburtstag manchem Menschen begegnet, für die das Wort „fromm" die gleiche Bedeutung wie „krumm" hat. Sie haben ein Bild vom christlichen Glauben, das wenig Raum für Lebensfreude lässt. So als müsse man sich immer halb gebückt bemühen, einem höheren Wesen zu gefallen, vor dem man Angst hat. Ihre ganze Lebenshaltung trägt die Überschrift: „Entschuldigung, dass es mich gibt, wird nicht wieder vorkommen!" Sie halten das für Demut und hoffen, auf diese buckelnde Weise am Ende irgendwann in den Himmel zu kommen.

Dieses Bild stimmt nun aber überhaupt nicht mit dem überein, wie Jesus uns Gott nahe gebracht hat: wie ein Vater, der uns so liebt, wie wir sind. Der Himmel steht uns offen, das heißt dann aber auch, dass wir nicht buckeln oder schleimen müssen. Wir können aufrecht gehen in der Freiheit, die uns Gott schenkt und Gott wird und will uns auch nicht krumm machen. Fromm schon – das heißt allerdings: Gott vertrauen, fröhlich und frei glauben und leben.

Gute Winde

„Wer Wind sät, wird Sturm ernten."

Dieser Satz aus der Bibel ist zu einer festen Redewendung geworden. Er steht für eine vielfach belegte Einsicht und wird in aller Regel mit negativen Erfahrungen verbunden.

Wer Unfrieden sät, wird Streit ernten.

In den letzten Apriltagen wird daran erinnert, wie es damals vor 1945 für die Deutschen war.

Im Namen des deutschen Volkes war in fast allen Nachbarländern Hass und Gewalt gesät worden. Man hatte den Krieg tief in Feindesland getragen. Schreckliche Gräueltaten und Verbrechen wurden angerichtet.

Dann wendete sich das Blatt und die Richtung des Krieges, und in den letzten Monaten und Wochen fegte der Sturm des Krieges in ganzer Härte über die hinweg, die ihn entfesselt hatten. Es war eine bittere Ernte.

„Wer Wind sät, wird Sturm ernten."

Gut wäre es, wenn wir von dieser Weisheit lernten.

Dann könnten wir sie auch ins Positive wenden:

Wer Vergebung sät, wird Versöhnung ernten.

Wer Offenheit ausstrahlt, wird Vertrauen erleben.

Wer Menschlichkeit verschenkt,
wird Freundschaft empfangen.

Wer Liebe austeilt, wird Freude erfahren.

Solche Winde brauchen wir
und solche Stürme erwarte ich gerne.

Nicht leicht, aber reich

Es ist einer meiner letzten Besuche bei ihr. Der 84-jährigen Frau geht es nicht gut, die Lebenskraft ist fast aufgebraucht. Was sie erzählt und sagt, ist schon eine Art Lebensbilanz.

„Ich hatte ein reiches Leben."

Ich sehe sie fragend an, denn ich weiß, dass sie harte Zeiten durchleben musste. „Gab es nicht auch viele schwere Jahre?", frage ich sie. Da antwortet sie mir mit fester Stimme: „Es hat uns doch auch niemand versprochen, dass es leicht ist."

Ich nehme den Satz mit, als ich gehe. Reich und leicht ist nicht das gleiche, gut und schön auch nicht. Eigentlich weiß ich das aus eigener Erfahrung und vielen Gesprächen.

Trotzdem meinen wir oft, das Leben müsse möglichst glatt verlaufen. Leid, Krankheit, Probleme, Rückschläge, Schwierigkeiten werden von vielen Menschen angesehen wie vorübergehende Regenschauer. Man muss sich dann irgendwo unterstellen und abwarten oder sich die richtigen Schirme besorgen, um ein leichtes Leben zu haben.

Mit so einer Haltung bin ich falschen Versprechungen vom Leben aufgesessen. Und demzufolge setze ich schön und leicht mit reich und gut gleich. Da ist es gut, Menschen zu begegnen, bei denen ich wieder lerne, dass manche reiche Erfahrung in der Tiefe des Lebens gemacht wird. So wie es in einem Psalm heißt: „Und wenn ich auch im finstern Tal wandere, fürchte ich kein Unglück, denn du Gott bist bei mir, du tröstest mich."

Das ist uns versprochen.

Entschleunigt leben

„Dieses Leben ist die einzige Gelegenheit, zu leben und sich Vergnügungen, Genuss und Lebenslust zu bereiten, und zwar möglichst ohne Beeinträchtigung durch Leid, Krankheit, Störung der Pläne, Zweifel oder Grenzen." So beschreibt Marianne Gronemeyer, Professorin für Erziehungswissenschaften, die Lebenssehnsucht der meisten Menschen heute. Ihr Buch heißt: „Das Leben als letzte Gelegenheit".

Dieses Lebensgefühl bringt automatisch eine enorme Beschleunigung mit sich. Ich muss nämlich in begrenzter Zeit so viel wie möglich von den unbegrenzten Möglichkeiten in mein Leben holen. Darum kennt die Gangart des so genannten Fortschritts nur eine Geschwindigkeit: die zur Hektik gesteigerte Eile. Das Kennzeichen des modernen Menschen lautet logischerweise: „Keine Zeit!". Ein Wettlauf gegen die Zeit.

Marianne Gronemeyer: „Das Bemühen, die Kluft zwischen Lebenszeit und Weltmöglichkeit durch Beschleunigung zu schließen, ist noch aussichtsloser als die Jagd des Rennhundes auf die unerreichbare Wurst, die man an einer langen Stange an seinem Rücken befestigt hat."

Ihre Schlussfolgerung ist ein anderer Ratschlag: „Auf die beunruhigende Kürze des Lebens mit ruhiger Konzentration auf das Wichtige zu antworten." Das wäre eine hilfreiche „Entschleunigung" des Lebens. Dann könnten wir wieder entdecken, was wirklich wesentlich ist und lohnt, dass es unsere Lebenszeit in Anspruch nimmt.

Biblisch ausgedrückt: „Alles hat seine Zeit!"

Sei selbst ein Wunder

Toll, dass es gute Filme auf DVD gibt. Da kann ich mir die wichtigen und schönsten Szenen noch mal genauer anschauen.

Zum Beispiel bei dem Film „Bruce allmächtig". Der hat so viele witzige Szenen, dass man die hintergründigen Dialoge vor lauter Lachen gar nicht so richtig mitbekommt.

Bruce, der ewige Verlierer, bekommt überraschend die Gelegenheit, mit Gottes Möglichkeiten die Dinge des Lebens zu bestimmen. Er kann das erst mal gar nicht glauben, macht zunächst ein paar lustige Tricks, zerteilt seine Tomatensuppe wie einst Mose das rote Meer. Dann nutzt er die Macht vor allem, um sich selbst Vorteile zu verschaffen.

Weil Bruce seinen neuen Möglichkeiten nicht gewachsen ist, fabriziert er ein ziemliches Chaos und kommt dann Hilfe suchend zu Gott.

Der erklärt ihm. „Die Sache mit der Tomatensuppe war ja nun kein großes Ding. Das war ein Trick – kein Wunder. Wenn eine allein erziehende Mutter mit zwei Jobs es noch schafft, ihren Sohn zu seinem Fußballspiel zu begleiten – das ist ein Wunder. Die Leute beten dauernd zu mir um ein Wunder und haben vergessen, das sie selbst ein Wunder sein können."

Wunder sind also nicht immer Ereignisse jenseits der Naturgesetze. Die kommen ausgesprochen selten vor.

Wo Menschen sich mit ihren Möglichkeiten für andere einsetzen, geschehen viele Wunder. Einen traurigen Menschen mit einem Besuch trösten, einem Verzweifelten zuhören, sodass er neuen Mut fasst. Dazu muss ich nicht einmal allmächtig sein, nur das Vertrauen haben, selber ein Wunder zu sein.

Stürmische Zeiten

So ziemlich alles ist im Umbruch. Die Gefühle fahren Achterbahn, rauf und runter, atemberaubende Kurven. Das Alter um 14 ist wirklich eine stürmische Zeit im Leben. Alles ist in Bewegung geraten und unsicher: „Was ich war, bin ich nicht mehr. Was ich sein soll, will ich nicht sein. Was ich werden will, bin ich noch nicht." In diese turbulenten Jahre fällt die Konfirmandenzeit, der Versuch, den christlichen Glauben nahe zu bringen.

Ist das nicht wie Aussäen bei Windstärke zwölf? Manchmal, meistens kurz vor der Konfirmation, alle Jahre wieder, beschleichen mich die Fragen. Bringt das was? Lohnt sich die Mühe? Wird da was wachsen? Junge Leute in solch stürmischen Zeiten zu begleiten ist nicht leicht aber auch reizvoll. Und wichtig, sich ihren Fragen zu stellen. Es macht Sinn, gerade dann für sie da zu sein, ihrer Offenheit zu begegnen.

„Ich habe für dich gebetet, dass dein Glaube nicht aufhört." Diesen Satz hat Jesus zu einem seiner Jünger in einer kritischen Situation gesagt. Ich nehme ihn als Ermutigung, für meine Konfirmandinnen und Konfirmanden zu beten. Selbst wenn ihr Glaube ein sehr kleines, vielleicht sogar verborgenes Pflänzchen ist, kann noch viel daraus werden. Außerdem fällt mir ein, dass es bei mir damals überhaupt nicht anders war.

Ich freue mich, wenn junge Leute entdeckt haben: Gott gibt mir Halt, auch in stürmischen, kritischen Zeiten.

Darum feiern wir in unserer Gemeinde fröhlich Konfirmation mit der Zusage: Da ist einer für dich und bei dir – besonders in kritischen Zeiten.

Im Vertrauen trauen

Zurzeit ist Hochzeitssaison. Vom Wonnemonat Mai bis in den September finden die meisten Trauungen statt.

Die Braut ruft an: „Tag, Herr Pastor, wir wollen heiraten. Trauen Sie uns?"

Ich sage: "Wenn Sie sich trauen?"

Leichte Verunsicherung und kurze Stille auf der anderen Seite der Leitung. „Ja, ja, eh, selbstverständlich, eh, klar."

„So selbstverständlich vielleicht doch nicht", sage ich. „Aber schön, wenn es bei Ihnen so ist. Ich traue Sie gerne."

Es ist wirklich nichts Selbstverständliches, dass zwei Menschen sich trauen. Sie sind sich begegnet, haben sich ineinander verliebt, mehr und mehr kennen gelernt und sind sich vertrauter geworden. Und dann vertrauen sie darauf, dass ihre Liebe stark genug ist, das Leben miteinander zu bestehen. Sie trauen einander und darum trauen sie sich gemeinsam und wollen sich trauen lassen.

Das ist für mich in einer Welt mit vielen Schlagzeilen über Hass, Gewalt und Misstrauen ein Zeichen der Hoffnung. Jede Trauung ist eine Ermutigung, verbunden mit der Bitte, dass Mann und Frau das Wagnis gemeinsamen Lebens nicht allein eingehen. Die Frage, ob sie einander lieben, achten und vertrauen wollen, hat die Antwort: „Ja, mit Gottes Hilfe!" Diese Hilfe und seinen Segen können wir in Anspruch nehmen, wenn wir das gar nicht so Selbstverständliche wagen.

Täglich üben befreit

Gymnastik gleich nach dem Aufstehen? Das ist ja nun nichts für Leute wie mich! Körperliche Anstrengung kurz nach dem Wachwerden? Eine furchtbare Vorstellung für einen Morgenmuffel! Doch das, was mir in der Bibel als christlicher Frühsport geraten wird, hat seinen Reiz:

„All eure Sorgen werft auf ihn, denn er sorgt für euch."

Sorgenwerfen am Morgen. Das ist besser als das tägliche Lied „Guten Morgen, liebe Sorgen, seid ihr auch schon alle da? Habt ihr auch so schlecht geschlafen? Na, dann ist ja alles klar."

Loswerden, was mir auf der Schulter und Seele lastet, bevor es mich schon am Morgen in die Knie zwingt. Allerdings ist das mit dem „Sorgenwerfen" gar nicht so leicht. Manchmal komme ich mir vor wie ein Kugelstoßer, der nach seinen schnellen Umdrehungen seine Kugel einfach nicht wegstößt oder wie ein Speerwerfer, der nach kraftvollem Anlauf den Speer doch festhält. Oder wie ein Diskuswerfer, der sich ständig um die eigene Achse dreht, weil der die Scheibe nicht loslässt.

So ist es, wenn ich an die Sorgen zwar denke, sie aber dann doch nicht im Gebet auf Gott werfe und nach dem Gebet alle meine Sorgen wieder in Gedanken einsammle und weiter trage. Es gelingt mir nicht immer, was eigentlich gut tut. Da hilft nur, was auch im Sport zum Erfolg führt: Üben! Immer wieder einfach üben. „Sorgenwerfen" – keine olympische Disziplin, aber ein guter Frühsport! Denn so kann ich die Erfahrung machen: Gott sorgt für uns! Und nach solchem Frühsport sind Kopf und Herz freier, um richtig für die Dinge zu sorgen, die in meinen Möglichkeiten liegen.

Lebenswerte

Vor den Sommerferien gibt es für viele Schüler ein großes Problem: die Zeugnisse. Von „Sehr gut" bis „Ungenügend", von 0 bis 15 Punkte werden die Leistungen des Schuljahres bewertet. Ich sehe die Noten und denke an den Satz: Man lernt nicht für die Schule, sondern fürs Leben. Wenn dieser Satz, den Eltern und Lehrer so lieben, wirklich stimmen soll, dann ist Bildung nicht nur Wissensvermittlung. Die 18-jährige Schülerin Cornelia Lose aus Erfurt sagt dazu in einem Interview: „Lehrer sollten auch menschliche Werte vermitteln."

Die Diskussion über Grundwerte ist in unserer Gesellschaft voll im Gange. Geben z. B. die zehn Gebote aus der Bibel eine tragfähige Orientierung für das Zusammenleben? Du sollst nicht töten, du sollst bei der Wahrheit bleiben, du sollst nicht stehlen, nicht ehebrechen, nicht begehren, was deinen Mitmenschen gehört, du sollst den Feiertag in Ehren halten, dein Leben nicht falschen Göttern opfern.

Für mich sind das so etwas wie Leitplanken am Straßenrand. Aufgestellt, um unser Leben zu schützen, damit wir nicht aus der Bahn geraten. Aus diesen Geboten sind Grundwerte abgeleitet, z. B. die Achtung vor dem Leben und den Mitmenschen, Solidarität und Wahrhaftigkeit. Das Gespräch darüber sollte sicher nicht nur in der Schule und im Fach Religion geführt werden, aber, so Cornelia Lose: „Die Schule müsste zumindestens ein bisschen tun, dann erfüllt sie den Anspruch, das junge Menschen für´s Leben lernen."

Großartige Kleinigkeiten

Die Welt ist voll von großen Idealen und schönen Theorien, wie das Zusammenleben der Menschen besser und gerechter werden könnte. „Freiheit, Gleichheit, Brüderlichkeit" zum Beispiel oder „Edel sei der Mensch, hilfreich und gut". So gut diese Ideen sind, es ist leider nicht zu übersehen, wie traurig wenig die Ideale mit der Wirklichkeit übereinstimmen. Die Welt sähe anders aus, wenn sie durch Theorien wirklich verändert würde. Umgestaltet wird sie nur durch veränderte Menschen, die einen anderen Blick bekommen haben für ihre Mitmenschen.

Mit einer Gleichnisgeschichte im Neuen Testament zählt Jesus sogenannte Kleinigkeiten auf, die in seinen Augen entscheidend wichtig sind. „Ihr habt mir zu essen und zu trinken gegeben, mich im Gefängnis besucht, mich in der Krankheit nicht allein gelassen, mir etwas anzuziehen gegeben und mir als Fremden die Tür geöffnet." Das sind die großartigen Kleinigkeiten, die das Zusammenleben der Menschen und damit diese Welt verändern können.

Und in den Menschen, für die das geschehen ist, begegnet uns Gott selbst. „Was ihr für die Geringsten getan habt, das habt ihr mir getan", erläutert Jesus sein Gleichnis. „Wenn Gott wissen will, ob du ihn liebst, dann fragt er deine Mitmenschen", sagt ein dazu passendes rabbinisches Sprichwort. Das scheinbar so Geringe für die anscheinend so Geringen, das ist das Großartige in Gottes Augen. Und das Schöne daran: Wir brauchen dazu keine Ausbildung oder Reichtümer, nur unsere Bereitschaft, es zu tun.

Der rote Faden

Eine Szene aus der Fernseh-Biografie über Napoleon Bonaparte fand ich besonders bemerkenswert. Nachdem er die Völkerschlacht bei Leipzig und damit seine Macht verloren hat, sitzt er mit seiner Mutter zusammen, spricht über die Ablehnung, die er nun überall erfährt, und sagt: „Eigentlich wollte ich doch diesem Kontinent und der Welt nur den Frieden schenken!" Doch seine Mutter, mit leichtem Lächeln, darauf: „Mag sein, mein Sohn, doch die Menschen mochten wohl das blutrote Band nicht, mit dem du dein Geschenk verpackt hast!"

Ob diese Szene historisch belegt ist, weiß ich nicht, doch Mutter Bonaparte hat Recht: Die Menschen mögen das blutrote Band nicht. Es ist die Blutspur, die die Feld- und Kriegsherren dieser Welt immer wieder gezogen haben. Darin sind sie alle gleich gewesen, Stalin und Hitler ohnehin. Aber auch die so genannten „Großen der Geschichte", Alexander, Cäsar, Friedrich, Napoleon oder wie sie auch heißen. Immer haben sie andere für sich und ihre Ziele benutzt und geopfert. In ihrem Namen, im Namen eines Volkes oder einer Idee hat das Millionen Menschen den Tod gebracht.

„Ich gebe euch den Frieden, meinen Frieden, nicht den Frieden, den die Welt gibt." Das hat Jesus von Nazareth gesagt, und nicht nur gesagt, sondern auch gelebt. Der rote Faden seines Lebens war die Liebe in Wort und Tat. Er opferte nicht andere für sich und seine Ideen, sondern hat sich selbst hingegeben. Er ist am Kreuz gestorben, um uns seine grenzenlose Liebe zu zeigen und dieser Welt den wirklichen Frieden zu schenken.

Äußerst unwahrscheinlich

In seinem Buch „Ende der Vorstellung" schreibt der Germanistik-Professor Jochen Hörisch: „Es ist unwahrscheinlich, dass es einen persönlichen Gott gibt und darum höchst unwahrscheinlich, dass der einen Sohn hat und dieser Sohn Mensch wird, dass dieser Sohn für uns stirbt und dies für unser Leben bedeutsam sein könnte."

Unwahrscheinlich? Ich denke an einen Mann, der etwas getan hat, was höchst unwahrscheinlich ist: der Franziskaner-Pater Maximilian Kolbe. 1941 war er gefangen im Konzentrationslager Auschwitz. Als Strafaktion für einen Ausbruchsversuch ordnete der Lagerkommandant die Erschießung von mehreren Gefangenen an. Bei der willkürlichen Auswahl traf es einen Familienvater, der verzweifelt aufschrie. Maximilian Kolbe trat daraufhin vor und bot dem Aufseher an, stellvertretend für diesen Mann hingerichtet zu werden. Der Wächter, der das Ganze geradezu unglaublich fand, holte die Genehmigung für diesen Tausch beim Kommandanten ein. Pater Kolbe wurde tatsächlich anstelle des Familienvaters hingerichtet.

Der eine stirbt, damit der andere überleben kann. Mit seinem Tun hat Maximilian Kolbe auf das Geheimnis des christlichen Glaubens hingewiesen: Die Liebe Gottes gibt sich hin, damit wir leben können. Was manchen so unwahrscheinlich erscheint, ist für das Leben anderer höchst bedeutsam.

Wo liegt das Glück?

„Irgendwo auf der Welt gibt´s ein kleines bisschen Glück
und ich träum davon in jedem Augenblick.
Irgendwo auf der Welt gibt´s ein bisschen Seligkeit
und ich träum davon schon lange, lange Zeit.
Wenn ich wüsst wo das ist, ging ich in die Welt hinein,
denn ich möcht einmal recht so von Herzen glücklich sein!"
Der Schlager der Comedian Harmonists aus den 20er-Jahren bringt es auf den Punkt, wonach jeder Mensch sich sehnt: „...denn ich möcht einmal recht so von Herzen glücklich sein!"

Alle Menschen sind auf der Suche nach dem Lebensglück, manchmal vielleicht sogar, ohne ganz genau sagen zu können, was sie darunter verstehen. „Wenn ich wüsst, wo das ist, ging ich in die Welt hinein."

Manche Menschen sind auf dieser Suche leider schon böse hereingefallen. Ich kenne aber auch Menschen mit Erfahrungen auf der Schattenseite des Lebens, die durchaus glücklich und zufrieden sind. Andere wiederum hatten zwar viel Glück, doch sie haben gemerkt: Offenbar gibt es einen Unterschied zwischen „Glück haben" und „glücklich sein".

Die Bibel erzählt von einer Begegnung zwischen Jesus und einem jungen Mann, der zwar reich war, also alles hatte, was das Herz begehrt, wie man so sagt, doch er war immer noch auf der Suche nach dem Glück des Lebens. Jesus hat ihn eingeladen, dieses Glück in der Beziehung zu ihm zu finden. Eine Vertrauensbeziehung, die tragfähig ist, für glückliche Tage und schwere Zeiten des Lebens. Wer das wagt, hat den Ort gefunden, von dem die Comedian Harmonists singen: „Irgendwo auf der Welt gibt´s ein bisschen Seligkeit."

Gottes Hausgenossen

Ich komme mit meiner Frau aus dem Café. Vor der Tür geht ein junger Mann auf und ab, während er telefoniert. Gerade als wir an ihm vorbeigehen, ruft er in sein Handy: „Ich bin auf dem Weg nach HAUSE!! Nach HAUSE!! Das ist da, wo meine Waschmaschine steht!"

Wir gehen weiter und können das Lachen nicht unterdrücken. Eine solch merkwürdige Definition von „Zuhause" ist uns noch nicht begegnet. Natürlich sind die technischen Hilfsmittel eine erfreuliche Erleichterung des Lebens, doch „Zuhause ist da, wo meine Waschmaschine steht." hört sich nicht nur lustig, sondern, so finden wir, auch ein bisschen traurig an. Gehört zu einem Zuhause nicht mehr? Als wir kurze Zeit später auf dem Bahnhof stehen, sag ich angesichts der vielen Leute, die ankommen oder abreisen: „Haben die Leute eigentlich kein Zuhause?" Was als Scherz gemeint war, könnte ja tatsächlich ein Problem sein, dass viele Menschen selbst da, wo sie wohnen, gar nicht richtig zu Hause sind, sich geborgen fühlen und darum immer unterwegs sind.

Ein wirkliches Zuhause ist sicher mehr als die heimischen vier Wände oder der Ort für die Waschmaschine. Nähe, Geborgenheit und Zuflucht, das alles gehört dazu. In einem der Briefe des neuen Testamentes steht etwas davon, dass wir bei Gott zu Hause sein können. Wir dürfen, so heißt es dort, Gottes Hausgenossen sein. Wenn er in unserem Herzen wohnt, finden wir bei ihm Nähe, Zuflucht und Geborgenheit.

Das sind bemerkenswerte Wohnverhältnisse:
Wir haben für das Leben ein Zuhause!

Gern geschehen

„Da nicht für!", ist die Antwort des Bekannten, bei dem ich mich für seine Hilfe bedanke. Er hat meinen Computer wieder in Ordnung gebracht und darüber bin ich technisch Ahnungsloser ehrlich froh und sage: „Herzlichen Dank!". Doch die Antwort erweckt den Eindruck, als prallte der Dank an einem Schutzschild ab. „Da nicht für!" Der Satz ist ja schon grammatisch eine Verkümmerung. Es gibt noch ein paar ähnliche Reaktionen: „Nicht der Rede wert." oder „Keine Ursache!".

Ich sehe eine Gefahr. Wenn diese Abwehr von Dank noch mehr um sich greift, verschwindet auch die Dankbarkeit immer mehr. Da wird alles, was wir empfangen oder füreinander tun, entweder einklagbares Recht oder ein bezahlbarer Anspruch.

Das wäre ein schlimmer Verlust. Das Leben ist Gottes Geschenk und das meiste in unserem Leben verdanken wir jemandem anderen. Niemand kommt ohne Hilfe eines Menschen aus. Wir haben uns das Leben nicht selber gegeben, uns auch nicht selber großgezogen. Wer das vergisst, der lebt mit der Illusion und der Last, alles im Leben alleine und selber schaffen zu müssen. Dankbarkeit ist ein Wächter gegen Vergesslichkeit. Es gibt ja auch eine andere Möglichkeit, auf Dank zu reagieren: „Gern geschehen!".

Hörende Ohren

Gott hat den Menschen zwei Ohren und einen Mund gegeben. Ein deutlicher Hinweis darauf, dass wir doppelt so viel hören als wir reden sollen. Mir gefällt diese Aussage, sie trifft das, was Menschen wirklich brauchen: Zwei Ohren, nicht um sie auf Durchzug zu stellen – eine Seite rein und auf der anderen wieder raus –, sondern um genau hinzuhören, was mir ein Mensch sagt. Und dabei auch die Zwischentöne und das Nichtausgesprochene zu hören. Es tut mir gut, wenn jemand wirklich einmal ganz Ohr ist und sich hineinhört in das, was ich sage und wofür ich nach Worten suche. Zum Beispiel ein Arzt, der nicht schon nach einem Satz die Diagnose stellt, oder eine Freundin, die sich Zeit nimmt, meine Sorgen anzuhören. Ein Kumpel, der wirklich Anteil nimmt an dem, was mich beschäftigt. Wie gut das tut, einen Menschen zu haben, der wirklich Zuhören kann! Einen Mund nur hat uns Gott gegeben, wir sollen also halb so viel reden wie zuhören, damit gute Worte nicht zu lieblosen Ratschlägen verkümmern. In einer wortreichen Zeit werden Menschen gebraucht, die diese Begabung haben: Zuhören können!

Im Buch der Sprüche in der Bibel steht: Ein hörendes Ohr und ein sehendes Auge, die macht beide Gott, der Herr.

Gottes Kollegen

„Am Anfang waren Himmel und Erde. Den ganzen Rest haben wir gemacht."

Das Plakat der Imagekampagne für das Handwerk reizt mich zum Schmunzeln und zum Widerspruch. Ein kesser Spruch. Klar – Werbung verkürzt, spitzt zu, ist eben plakativ. Ich schätze handwerkliche Arbeit sehr. Was wären wir im Alltag ohne die Maurer, Installateure, Tischler, Elektriker und all die vielen anderen Handwerker? Ich bin froh, dass es sie gibt – und glücklicherweise auch in meiner Familie. Mein Schwiegervater, unser Sohn und ein Schwiegersohn – alles Menschen, für deren handwerkliches Geschick ich mit meinen beiden linken Händen sehr dankbar bin.

Trotzdem – „... den ganzen Rest haben wir gemacht" – das finde ich dann doch allzu vollmundig. Lassen die Handwerker zum Beispiel im Mai die Bäume blühen, das Gras wachsen und die Sonne scheinen?

Teile des flotten Werbespruches fürs Handwerk stammen aus der Bibel, allerdings mit einer entscheidenden Veränderung. „Am Anfang schuf Gott Himmel und Erde" heißt es in der Schöpfungsgeschichte. Es tut uns Menschen nicht gut, wenn wir meinen, wir müssten oder könnten den ganzen Rest alleine und ohne Gott tun. Ich denke an den Bibelvers, den die Zimmerleute bei Richtfesten vorlesen: „Wenn der Herr das Haus nicht baut, so arbeiten vergeblich, die daran bauen." Wir können in Sachen Leben auf Erden mit Gott zusammenarbeiten.

Übrigens haben die Handwerker Gott sogar als Kollegen: Jesus – Gottes Sohn – war Handwerker: Zimmermannssohn in Nazareth.

Zuhause beim Vater

Bei uns am Küchentisch im Pfarrhaus sitzt wieder mal ein Gast der Landstraße. Er trinkt Kaffee, stärkt und wärmt sich. Mit seinem großen Rauschebart sieht er für meine Tochter ein wenig Furcht erregend aus, deshalb beobachtet sie ihn aus sicherer Entfernung, halb versteckt hinter den Beinen ihres Vaters. Als der Durchreisende sie entdeckt, fragt er sie: „Wohnst du hier?" Ein stummes Nicken meiner Tochter. „Und, ist das dein Papa?" Wieder nickt das kleine Mädchen schüchtern. „Hast du es gut, ein Zuhause und einen Papa!" Die Stimme des kräftigen Mannes klingt ein wenig traurig, wehmütig, scheint mir. Ob er an ein verlorenes Zuhause denkt, ob er selbst Kinder hat, Vater ist?

Ich habe ihn das damals – diese Begegnung ist schon 15 Jahre her – leider nicht gefragt, irgendwie habe ich mich nicht getraut. Darum kenne ich seine Geschichte nicht und weiß auch nicht, was ihn entwurzelt hat. Seine Sehnsucht aber hat mich berührt. Ich hätte ihm gerne etwas Mutmachendes mit auf den Weg geben wollen, dass es auch für ihn einen Vater gibt und die Geborgenheit, nach der er sich sehnt. Das hat Jesus von Nazareth uns Menschen ans Herz gelegt: „Gott ist euer Vater." Also kein höheres Wesen, das fernab über den Wolken wohnt, sondern einer, dem du am Herzen liegst. „Abba", so hieß das in seiner Sprache, „Papa": einer bei dem du ein Zuhause hast!

Der Stein der Weisen

Auf meinem Fensterbrett liegt der Stein der Weisen, ein etwa handgroßer Stein, und daneben ist ein kleiner Zettel geklebt, darauf steht: Johannes 8 Vers 7. Knackpunkt einer biblischen Geschichte, die folgendes erzählt: Da stehen Männer wie eine Mauer, eine Mauer der Ablehnung und der Selbstgerechtigkeit. Finster und entschlossen blicken sie auf die Frau, die vor ihnen im Sand liegt. Und sie schauen auf Jesus, der auf den Stufen des Tempels sitzt. Sie haben die Frau beim Ehebruch erwischt und nun soll Jesus mal sagen, was mit ihr zu geschehen hat. Er soll sehen, wie er aus der Falle herauskommt, die sie ihm stellen. Wenn er sie laufen lässt, dann hat Jesus das ganze Gesetz und die religiösen Vorschriften verletzt. Und wenn er dem Vorschlag der Gesetzestreuen folgt, dann hat er seine Botschaft der Barmherzigkeit verraten.

„Wir haben sie beim Ehebruch erwischt, und darauf steht die Todesstrafe!" Innerlich haben sie die Steine, mit denen sie die Frau zu Tode werfen werden, schon in der Hand. Was wird Jesus nun sagen? Erst einmal gar nichts, Jesus malt irgendetwas in den Sand vor sich. Als sie hartnäckig nachfragen, richtet Jesus sich auf. „Wer von euch noch nie eine Sünde begangen hat, soll den ersten Stein auf sie werfen." Dann bückt er sich wieder und schreibt weiter in den Sand. Die Mauer der Selbstgerechtigkeit bröckelt.

Die Ersten, das sind die Ältesten, gehen. So ehrlich sind sie dann doch. Und als niemand mehr da ist, der sie verurteilt, sagt Jesus zu ihr: „Ich verurteile dich auch nicht, geh und tu diese Sünde nicht mehr!" Johannes 8 Vers 7: „Wer unter euch ohne Sünde ist, der werfe den ersten Stein." Der Stein der Weisen im Umgang mit der Schuld, den Fehlern und den Schwächen der Mitmenschen ist der Stein, den ich nicht werfe!

Die Sehschule Gottes

„Der Mensch sieht, was vor Augen ist ..." " So ist es, und wie viel stürmt auf unsere Augen ein! Bilder, Eindrücke, Farben. Was ich alleine heute schon alles gesehen habe: Menschen und was sie anhatten, ihre Gesichter, allerdings – was ich so alles nicht gesehen habe, obwohl es vor Augen ist! Bei all der Fülle übersehe ich so vieles und manches bleibt dem Auge ohnehin verborgen.

„... Der Herr aber sieht das Herz an." Das finde ich gut, Gott lässt sich von einer beeindruckenden Fassade nicht blenden. Er sieht, was dahinter los ist. Er schaut in die Tiefe, ins Zentrum unserer Gedanken und Gefühle. Das Herz: Er weiß, was, wer und wie ein Mensch wirklich ist. Gerade in unserer Zeit, in der sehr viel Wert auf die äußere Erscheinung gelegt wird, lohnt es sich, bei Gott in die Sehschule zu gehen. Dort lernen wir eine neue Sicht für unsere Mitmenschen, zum Beispiel Vorsicht: Dann verlernen wir die schnellen Vorurteile, die wir zu oft nach flüchtigem Hinsehen und nach Äußerlichkeiten über andere Menschen fällen. Ein indianisches Sprichwort sagt: „Urteile über keinen Menschen, bevor du nicht drei Tage in seinen Schuhen gelaufen bist." Das heißt: bevor du nicht die Innenseite seines Lebens kennst. Einsicht in das, was Menschen bewegt und beschäftigt, was sie hoffen und wünschen, worunter sie leiden und was sie quält. Solche Einsicht macht barmherziger. Und in Gottes Sehschule lernen wir Rücksicht, auf andere und ihre Lebensbedürfnisse. Alles in allem lernen wir Achtsamkeit: aufmerksamer werden für die Mitmenschen und ihnen mit Achtung begegnen.

Sonntagskinder

Dass der Mann, den ich beerdigen musste, ein Sonntagskind war, stimmt eigentlich nicht. Denn die Hebamme hatte bei seiner Geburt in der Nacht von Samstag auf Sonntag etwas gemogelt. Sie hat den Geburtstermin in den Papieren um eine halbe Stunde nach hinten verschoben. So hat sie ihn zu einem Sonntagskind gemacht.

Er hatte auch nicht immer nur Glück in seinem Leben, lebte nicht nur auf der Sonnenseite, teilweise genau das Gegenteil. Er hat schwere Wegstrecken erlebt, sein Leben war wie das der meisten der Kriegsgeneration. Doch der Mann gehörte zu den Menschen, die einen Blick für die kleinen Dinge haben. Die, die in der Natur, bei den Mitmenschen, im Alltag die wichtigen Kleinigkeiten nicht übersehen, sondern wertschätzen. Und weil das so war, konnte er sich über vieles freuen. Er hatte den Blick auch für den kleinen Lichtstrahl, der sein Herz erreichte und das hat er einfach ausgestrahlt. Bei seiner Beerdigung waren viele Leute da, um Abschied zu nehmen.

Ich habe den Menschen gesagt, woran mich die Sache mit seinem Geburtstermin und sein Leben erinnern: Daran, dass wir alle Sonntagskinder sein können, denn der Sonntag ist der Tag der Auferstehung. Jeder Sonntag ist ein kleines Osterfest, das uns an die große Hoffnung erinnert: Jesus Christus hat den Tod besiegt und uns zum Leben berufen. So gesehen hat Gott uns alle zu Sonntagskindern gemacht, egal, an welchem Wochentag wir geboren wurden.

Ganz konkret

„Also, wir werden das Polizeigesetz nicht durch die Bibel ersetzen können, aber es schadet bestimmt nichts, wenn wir immer mal wieder einen Blick reinwerfen."

Mit der Stimme von Schauspieler Jan Vedder klingen diese Worte noch bedeutender.

Es waren die letzten Worte am Ende einer Folge von „Großstadtrevier", dessen Chef er als Dirk Matthies ist.

In der Fernsehserie „Großstadtrevier" geht es ja immer um die großen und kleinen Verbrechen im Leben der Großstadt Hamburg. Dieses Mal hatte vor allem der Kollege Lothar seine besonderen Erfahrungen mit Worten aus der Bibel gemacht. Er wollte mal ausprobieren, ob man das in die Tat umsetzen kann, was Jesus in der Bergpredigt sagt: „Liebet eure Feinde, segnet die euch fluchen, tut wohl denen, die euch hassen und euch verfolgen."

Mit dieser Richtschnur hilft er einem jungen Mann zu einem Neuanfang und trägt dazu bei, dass sich Verfeindete die Hand reichen. Ein echter „Freund und Helfer" oder wie eine seiner Fernsehkolleginnen sagt: „Bulle mit Herz".

Gut, Fernsehserien am Vorabend haben immer etwas Beschauliches und erfüllen die Sehnsucht nach heiler Welt. Dabei ist unsere Welt in Wirklichkeit deutlich rauer als im Großstadtrevier. Doch gerade weil das so ist, kann der Ratschlag des Dirk Matthies uns helfen, Schritte zu tun, um sie menschlicher zu gestalten.

Dazu schadet es bestimmt nicht, wenn wir immer mal wieder einen Blick in die Bibel werfen – und danach handeln.

STANDESAMT
Leer

Beim Namen gerufen

Namen als Glücksbringer? In Israel hat ein Mann das geglaubt, dass Namen Glücksbringer sind. Darum hat er bei den Behörden zwanzig weitere Vornamen beantragt. Der 40-Jährige wollte hebräische Namen wie „Ruhe", „Lächeln" und „ständige Freude" in seine Papiere eintragen lassen. Er erklärte der überraschten Beamtin, dass ihm diese Namen zu einem besseren Leben verhelfen.

Zusätzliche Vornamen als Glücksbringer fürs Leben? Ich glaube nicht, dass das funktioniert.

Unser Name – das sind wir. Wir horchen auf, wenn wir unseren Namen hören. Eine Einladung mit meinem Namen ist viel mehr als ein allgemeines „sehr geehrte Damen und Herren".

Es ist allerdings eine merkwürdige Vorstellung, dass weitere Vornamen uns mehr Glück ins Lebens bringen könnten.

„Fürchte dich nicht, ich habe dich bei deinem Namen gerufen; du gehörst zu mir." Dieser Vers aus der Bibel ist ein beliebter Spruch zur Taufe. Ich finde ihn so gut, dass wir ihn für unsere älteste Tochter als Taufspruch, also eine Art Lebensmotto, ausgesucht haben. Gottes Zuspruch wird darin deutlich: Wir gehören zu ihm – er ist bei uns. Wir sind bei Gott namentlich bekannt und in seinen Augen mehr als eine Nummer oder ein Rädchen im Getriebe der Welt. Ich glaube, das Vertrauen auf diese Zusage ist tragfähiger als zwanzig weitere Vornamen.

Der Mann aus Israel hat übrigens nur soviel genehmigt bekommen wie Platz auf dem Vordruck war: vier.

Einander aufsuchen

Zur Liebe gehört immer, dass sie einen Menschen dort aufsucht, wo er wirklich ist, und nicht, wo man ihn gerne haben möchte.

Ein schöner und zugleich anspruchsvoller Satz, den mir meine Frau zum 20. Hochzeitstag geschenkt hat. Wir haben lange darüber geredet, über Erinnerungen und Erfahrungen. Auch darüber, wo dieses Aufsuchen nicht geschehen oder gelungen ist. Wo wir jetzt sind und wie wir gemeinsam weitergehen wollen. Einen Menschen dort aufsuchen, wo er wirklich ist, das fordert dazu heraus, sich aufzumachen, um den anderen zu verstehen. Sich aufmachen heißt, sich öffnen für den Menschen, mit dem ich das Leben teile. Für das, was „ihr" wichtig ist, was „er" empfindet, sie dort aufsuchen, wo sie in ihren Gedanken und Gefühlen sind. Aufsuchen heißt, einen Menschen neu entdecken.

Zur Liebe gehört immer, dass sie einen Menschen dort aufsucht, wo er wirklich ist …

Ein Schlüsselsatz für Gottes aufsuchende Liebe, wie er sie in Jesus von Nazareth gelebt hat. Der hat genau dieses getan, er ist dahin gegangen, wo die Menschen wirklich waren. Er hat die aufgesucht, die Hilfe brauchten und ist auf die Menschen eingegangen. Er hat sich aufgemacht hin zu denen, die von anderen gemieden wurden. Wenn wir uns zu unseren Mitmenschen aufmachen, dann folgen wir Gottes Suchbewegung.

Zur Liebe gehört immer, dass sie einen Menschen dort aufsucht, wo er wirklich ist, und nicht, wo man ihn gerne haben möchte.

Unvergessen

„Erinnerung ist eine Form der Begegnung."

So argumentierte unser Pastor in einer heißen Diskussion mit uns. Wir waren auf einer Jugendfreizeit, ich war 17 Jahre alt und wollte nicht mit zur KZ-Gedenkstätte Bergen-Belsen. Die anderen auch nicht.

Wir waren jung und hatten damit doch nichts zu tun, weder wir noch unsere Eltern waren dafür verantwortlich. Schließlich fuhren wir doch mit, weil wir unseren Pastor mochten. Wenn er uns das sagte, dass diese Begegnung wichtig sei für das Begreifen von Geschichte und Glauben, dann musste da was dran sein.

Und dann bin ich über das schlichte Gelände gegangen, je länger, desto nachdenklicher. Flache Hügel mit Schildern und Aufschriften wie: „Hier liegen 5.000 Tote", „Hier liegen 10.000 Tote". Das Gelände umweht von … ja, von „Totenstille". Und dazu die große Wand und die Mahnmale der Erinnerung an das Grauen. Eine Ahnung von dem hier Geschehenen kam in mir auf. Am Ende eines sehr nachdenklichen Herbstnachmittags und bis heute bin ich meinem Pastor dankbar, dass er nicht locker gelassen und uns dieses zugemutet hat. Es war der Anfang einer intensiven Auseinandersetzung mit diesem Kapitel unserer Geschichte. Es hat mich nachhaltig geprägt in meiner Überzeugung, dass die Verbrechen gegen die Menschlichkeit nicht ins Vergessen verdrängt werden dürfen. Oder gar das, was dem Volk Gottes angetan worden ist, geleugnet wird. Die Erinnerung an das Verbrechen der Ermordung von Millionen jüdischer Menschen gehört zur Verantwortung der Menschlichkeit und des Glaubens.

PASSENGER
AIRBAG OFF

Segensboten

„Fahr nicht schneller, als dein Schutzengel fliegen kann!" Der kleine rote Engel mit dem Schild, auf dem diese liebevolle Mahnung steht, baumelt am Innenspiegel unseres Autos. Das ist für mich eine Erinnerung daran, dass ich den Schutz Gottes nicht durch allzu risikoreiche Fahrweise überfordern soll.

Engel sind ja zurzeit „In", vor allem Schutzengel. Viele Menschen finden über Engel wieder Zugang zu Religion und auch Glaube. Sie merken, dass es wohl doch mehr gibt zwischen Himmel und Erde, als wir mit unserem Verstand erfassen können. In der Bibel wird ebenso selbstverständlich wie zurückhaltend von Engeln erzählt. Sie ermutigen oder mahnen oder warnen Menschen, sie erweisen sich als hilfreiche Wegweiser. Engel überbringen Nachrichten von Gott, sind also eine Art himmlische Briefträger. Es müssen also nicht immer Männer in weißen Kleidern und mit Flügeln sein. Gottes Boten, „Engel", das können demnach auch ganz einfach Menschen sein, deren Hilfe wir als Nähe Gottes erfahren oder Menschen, die uns vor Dummheiten bewahren.

Auf der Rückseite des Schildes, das unser Engel im Auto bei sich trägt, steht: „Der Herr sei mit dir". So sind sie, die Engel: Boten des Segens und auch Mahner fürs Leben.

Lesenswert

Bundeskanzler Schröder hatte gute Laune. Auf der Pressekonferenz kamen seine Antworten locker im Plauderton. Dann sprach ihn einer der Journalisten auf ein Positionspapier aus der SPD-Zentrale an. Gerhard Schröder antwortete lächelnd: „Sie sollten mal eine Kolumne schreiben über den Unterschied zwischen Positionspapieren und der Bibel." Dann fügte er hinzu, als guter Protestant sei er natürlich davon überzeugt, dass die Bibel von langfristigerer Bedeutung sei.

Da stimme ich gerne zu. „Himmel und Erde werden vergehen, aber meine Worte vergehen nicht", hat Jesus Christus gesagt. Selbst die größten Spötter und Gegner des christlichen Glaubens haben die Bibel, das Buch der Bücher, nicht aus der Geschichte vertreiben können.

Der Philosoph Voltaire zum Beispiel meinte, dieses Buch werde bald verschwinden und niemand werde sich mehr daran erinnern. Wenige Jahre nach seinem Tod wurde in seinem Haus eine Bibelgesellschaft gegründet. Gottes humorvolle Antwort auf Voltaire? Ich kenne kein Buch, das Menschen so ermutigen, stärken, trösten und motivieren kann und es ist große Weltliteratur, Grundlage unserer Kultur und des Glaubens. Die Bibel, das große Buch vom Leben, von Gott, vom Menschen und von langfristigerer Bedeutung als alles andere. Lesenswert für´s Leben!

Gratis

„Am 31. Oktober 1917 schlug Martin Luther seine 95 Prothesen an die Kirchentür in Rom und löste damit den Dreißigjährigen Krieg gegen die katholische Kirche aus."

So hat es ein Schüler in einem Aufsatz über die Reformation geschrieben. Dieser Satz wurde aufgenommen in eine Sammlung unter dem Titel „Was Schüler über Geschichte (nicht) wissen.". Ein Satz, in den sich gleich fünf Fehler eingeschlichen haben.

Thesen nicht Prothesen, also kein Zahnersatz, sondern Behauptungssätze. Nicht 1917, sondern schon 400 Jahre früher: 1517. Und es war nicht die Kirchentür in Rom, sondern in Wittenberg. Der Dreißigjährige Krieg begann erst hundert Jahre später.

Vor allem aber wollte Martin Luther keinen Krieg gegen die katholische Kirche führen. Er wollte die Kirche seiner Zeit wieder in Form bringen. In die Form, die der Botschaft entspricht, für die es Kirche gibt: die befreiende Nachricht von der Liebe Gottes durch Jesus Christus. Die Botschaft, dass wir angenommen sind ohne irgendwelche Vorleistungen. Niemand muss sich den Himmel erarbeiten oder verdienen. Die Liebe Gottes gibt es gratis. Gratis kommt vom lateinischen Wort gratia und das heißt Gnade.

Martin Luther wollte, dass wieder in die Mitte kommt, was in den Mittelpunkt gehört: die Freude über die Gnade, die Freiheit des Glaubens an Jesus Christus und alle sollen die Bibel lesen können, die Quelle für diese Botschaft.

Darum die 95 Thesen am 31. Oktober 1517.

Grenzerfahrungen

Jüngste Professorin Deutschlands, Regierungssprecherin, Institutsdirektorin, Moderatorin im Fernsehen – Miriam Meckel lebte jahrelang auf der Überholspur des Lebens.

Jetzt hat sie ein Buch geschrieben über ganze andere Erfahrungen – über ihren Zusammenbruch: Der Titel: „Brief an mein Leben". Darin beschreibt sie ihren Absturz und die ersten Schritte aus der Krise. Auslöser waren gesundheitliche Erschöpfung und die totale Selbstüberforderung. Als sie dann mitten in der Nacht statt zu schlafen an den Computer ging, um nach ihren E-Mails zu schauen, sah sie fünfzig ungelesene Nachrichten. Und brach zusammen. Ein Arzt diagnostizierte: schwerer Erschöpfungszustand in Verbindung mit einer Infektion.

Miriam Meckel brauchte lange, um anzuerkennen, dass sie so nicht weitermachen kann. Dabei wusste sie es eigentlich schon. Drei Jahre vorher hatte sie nämlich ein anderes Buch geschrieben mit dem Titel: „Das Glück der Unerreichbarkeit". Darin beschreibt sie, wie wichtig es ist, nicht immer erreichbar zu sein. Sonst fällt man den Gefahren pausenloser Kommunikation zum Opfer – E-mail, Handy, Blackberry und so weiter. Nun erlebte sie, dass ihre eigenen Weisheiten erst einmal vom Kopf ins Leben mussten.

Erfahrungen mit Grenzen und Schwäche suchen und machen wir nicht gern. Obwohl wir durch sie eine Menge und Wesentliches fürs Leben lernen. In der Bibel wird viel von Menschen erzählt, die solche Erfahrungen gemacht haben. Der Apostel Paulus hat die Zusage von Gott: „Lass dir an meiner Gnade genug sein. Meine Kraft ist in den Schwachen mächtig." Diese Zusage hat er gerade in Krisen als Ermutigung erfahren.

Lichtstrahl der Hoffnung

„Ich sehe was, was du nicht siehst!", ist ein beliebtes Ratespiel bei Kindergeburtstagen. Jemand sucht sich ein Zielobjekt aus und nennt seine Farbe. Dann raten die anderen reihum, welcher Gegenstand im Raum das wohl sein kann.

Meine Schwester und ich haben das sogar im dunklen Zimmer gespielt. Abends, wenn wir im Bett lagen, das Licht aus war und wir eigentlich schlafen sollten, haben wir es geflüstert: „Ich sehe was, was du nicht siehst und das ist blau." Wir konnten es bei völliger Dunkelheit spielen, weil wir unser Zimmer gut kannten. Ab und zu mussten wir natürlich zur Kontrolle auch mal das Licht anmachen.

„Ich sehe was, was du nicht siehst!" Manche Gespräche als Pastor erinnern mich an dieses Spiel. Ich sitze mit Menschen zusammen, die keine Hoffnung und kein Licht mehr sehen können. Sie sehen nur noch schwarz in eine düstere Zukunft. Durch Zuhören, durch ein Wort, ein Gebet, versuche ich dann ihnen Mut zu machen. Das ist dann wie: „Ich sehe was, was du nicht siehst!" im Dunkeln. Ich sehe einen Lichtstrahl der Hoffnung. Ich glaube, dass Gott dir helfend zur Seite steht. Manches mal durfte ich dann schon erleben, wie die Menschen etwas neu sehen.

„Und selbst, wenn ich in einem finsteren Tal wandere, fürchte ich mich nicht, denn du, Gott, bist bei mir." So steht es in der Bibel. Und auch ich selbst bin dankbar für die Menschen, die für mich eine solche Sehhilfe sind in Situationen, wo ich im Dunkeln die Hoffnung verliere.

Komm runter

Wir bereiten mit einer Jugendgruppe einen Gottesdienst zur Adventszeit vor. Die jungen Leute wählen den Titel „Schrille Nacht, eilige Nacht". Sie wollen die Hektik und den Kommerz kritisieren und gleichzeitig darüber nachdenken, wie man heute zeitgemäß Advent und Weihnachten feiern kann.

Das Anspiel ist schnell entwickelt und geschrieben.

Doch dann wird es schwierig: Welche Lieder singen wir? Moderne Songs zur Adventszeit gibt es nur wenige und die alten werden schon, wie ein Jugendlicher sich ausdrückt, in den Kaufhäusern verbraten. Also bloß nicht „O du fröhliche!"

Da meldet sich ein Mädchen zu Wort. „Ein Lied muss dabei sein. Ist aus dem Gesangbuch. Den Titel weiß ich nicht genau. ,Komm runter, mach die Tür auf' oder so ähnlich.' Das bedeutet für mich irgendwie Advent."

Nun beginnt das große Rätselraten. Das Lied kennt wirklich keiner – „Komm runter, mach die Tür auf"?

Im Gesangbuch finden wir es. Sie meinte „Macht hoch die Tür, die Tor mach weit."

Den Titel hat sie nicht getroffen. Aber sie hat Recht, wenn sie sagt – das ist Advent. Mit dem aufhören, was einen immer so beschäftigt und die Tür aufmachen.

Die letzte Strophe des Liedes wird zum Gebet im Jugendgottesdienst: „Komm, o mein Heiland Jesus Christ, mein's Herzens Tür dir offen ist."

Advent: Komm runter, mach die Tür auf.

Gewaltig klein

„Bereitet dem Herrn den Weg, denn siehe, der Herr kommt gewaltig."

Der Vers aus der Bibel hört sich erstmal ziemlich heftig an. So als würde uns Gott geradezu überrollen. Heute vor zwanzig Jahren habe ich diesen Vers für die Adventszeit erst richtig kapiert. Die Hebamme im Kreißsaal legte mir unseren gerade neugeborenen, winzigen Sohn in die Arme. Und das war wirklich gewaltig.

Am nächsten Tag habe ich mit diesem Bild im Herzen über den Vers gepredigt. Ich habe einfach erzählt, was ich erlebt und verstanden hatte. „Der Herr kommt gewaltig" – so gewaltig klein wie ein Neugeborenes ist Gott in die Welt gekommen. So gewaltig ohnmächtig und schutzlos. So gewaltig bedürftig wie ein Baby und so gewaltig gewaltlos. So gewaltig menschlich ist Gott in Jesus zur Welt gekommen.

Das Kind in der Krippe ist Gottes Zeichen, dass er nicht übermächtig über uns hereinbricht.

Wer diesem Gott im Advent den Weg bereiten will, der muss sich an Gottes Stil orientieren.

So wie einem ein Neugeborenes in den Arm und ans Herz gelegt wird, legt sich Gott den Menschen ans Herz.

Und sein Adventswunsch ist, dass er bei uns ankommt. Dass also das geschieht, was mir mit meinem Sohn passiert ist: Ich habe ihn für mein Leben ins Herz geschlossen.

Die Gott-Tür im Keller

Mitten in einer Plattenbausiedlung im Ost-Harz. Nur eine kleine Minderheit der Bewohner gehören zu einer Kirche.

Im Jugendkeller der Schule bietet die Kirchengemeinde ein Treffen für Kinder an. Allesamt ohne Vorerfahrungen mit Kirche und Glaube. Und wahrlich keine Jungs und Mädchen, die nur brav dasitzen.

Es wird gesungen, gespielt, gebastelt und mit Hilfe von Figuren biblische Geschichten erzählt.

Vor ein paar Wochen hat das Sorgenkind der Gruppe alle Türen der Schule mit Kreideüberschriften versehen. Über der Tür zum Jugendkeller stand in krakeligen Buchstaben: „Gott-Tür."

Offensichtlich hat der Junge bei all dem, was er dort erlebt hat, etwas von Gott erfahren.

In diesen Wochen machen viele Kinder und Erwachsene Türen von Adventskalendern auf. Die Adventszeit kann eine Gott-Tür sein. Eine Zeit, in der sich Türen für Gott öffnen. Menschen Zugang zu Gott finden.

Durch menschliche Zuwendung und die biblische Botschaft – so hat es der Junge in dem Kellerraum erlebt und darum „Gott-Tür" dran geschrieben. Das können wir auch. In der Kirche die biblische Botschaft hören. Zu Hause in der Bibel lesen. Sich der Not anderer öffnen. Dann sind es vielleicht ganz andere als die kleinen Türchen der Adventskalender hinter denen die Erfahrung wartet: Hier öffnet sich eine Gott-Tür.

Keine Panik

Spätestens eine Woche vor Weihnachten beschleicht so manchen die Panik. Ob denn wohl noch alles geschafft wird, was erledigt werden muss. Der Baum, die Essens-Einkäufe und vor allem die Geschenke.

Ob das Fest überhaupt gelingen wird? Außerdem sind da noch die Stimmen derer, die sagen: Es müsste eigentlich alles viel besinnlicher und beschaulicher zugehen. Die machen auch Stress.

Ein Blick in die Ursprungsgeschichte des Festes zeigt etwas sehr Tröstliches: Schon damals war von Beschaulichkeit und Ruhe nicht die Rede.

Josef und Maria mussten wegen einer Volkszählung nach Jerusalem. Das bedeutete Reisestress – nicht nur für Josef und seine schwangere Maria. Überfüllte Herbergen und Häuser – und auf den Feldern bei Bethlehem die alltägliche Nachtschicht für die Hirten. Mitten in diese Wirklichkeit hinein kommt das Kind zur Welt und wird in eine Futterkrippe gelegt.

Was auf den ersten Blick wie schlechtes Timing von Seiten Gottes aussieht, ist sein Programm: Gott kommt zur Welt, wann und wo und wie er will. Er kommt mitten in den Alltag und den Stress. Er braucht keine Beschaulichkeit.

So gesehen können wir den Rest der Adventszeit ein wenig entspannter angehen.

Sie werden mit den Vorbereitungen nicht fertig? Gott kommt auch in unvorbereitete Verhältnisse.

Fürchtet euch nicht

„Es begab sich aber zu der Zeit." Heute wird sie wieder vor-gelesen, die alte Geschichte aus dem Lukasevangelium. Die Erzählung der Geburt von Jesus, dem Kind in Bethlehem, für das mitten in der Volkszählung kein Platz war – außer im Stall.

Viele Menschen hören sie heute wieder. Ob sie wohl beim Zuhören innerlich bis Vers 10 kommen oder nur bis Vers 9?

Im neunten Vers heißt es von den Hirten auf dem Feld bei Bethlehem: „und sie fürchteten sich sehr."

Auch nach über 2000 Jahren geht es vielen Menschen mit Gott immer noch so. Sie tragen ein Bild von Gott in sich, das mit Angst verbunden ist. Ihnen wurde Gottesfurcht einge-flößt. Darum fürchten sie sich vor dem übermächtigen Wesen in den Wolken.

Die alte Weihnachtsgeschichte aus Lukas 2 sagt aber deut-lich, dass es Gott schon damals genau um das Gegenteil von Furcht ging. Nicht in Vers 9, in Vers 10 steht die zentrale Weih-nachtsbotschaft „Fürchtet euch nicht. Siehe ich verkündige euch große Freude."

Gottes Ziel mit Weihnachten ist es, uns eine Freude zu machen. Gott kommt ganz klein als Mensch zur Welt. In ei-nem Kind, vor dem sich niemand fürchten muss.

Es wäre schön, wenn heute viele Menschen diese Freude entdeckten. Wenn sie beim Zuhören den kleinen Schritt von Vers 9 nach Vers 10 mitgehen. Hin zur großen „Freude, die alle Menschen erleben sollen."

18 ~~Freitag~~	
19 Samstag	
20 Sonntag	
21 Montag	
22 Dienstag	
23 Mittwoch	
24 Donnerstag	
1. Weihnachtstag **25** Freitag	
2. Weihnachtstag **26** Samstag	Brunch Sei Schnieder
27 Sonntag	zu Oma
28 Montag	Urlaub
29 Dienstag	
30 Mittwoch	?
31 Donnerstag	?

Wertvolle Zwischenzeiten

„Und? Was machst du in der Zwischenzeit?"

Das fragt meine Frau mich, wenn sie einen Blick ins Schuhgeschäft werfen will. Im Leben gibt es viele Zwischenzeiten.

Auf einer Reise zum Beispiel – die Zeit zwischen zwei Zügen. Oder eine Lücke zwischen zwei Terminen, zu kurz um sich etwas Größeres vorzunehmen. Zu lang, um einfach nur abzuwarten.

Diese Tage nach Advent und Weihnachten und vor Silvester und Neujahr sind auch so eine Zwischenzeit. „Zwischen den Jahren" sagen manche. Das große Fest ist vorüber und das neue Jahr noch nicht da.

„Und? Was machst du in der Zwischenzeit?" Die Frage erinnert daran: Gut genutzte Zwischenzeiten müssen nicht einfach nur verlorene Minuten, Stunden oder Tage sein.

Wir können die Zeit zwischen den Jahren dazu nutzen, das vergangene Jahr Revue passieren zu lassen. Sich erinnern an schöne Tage, den Urlaub, die Feste - und an schwere Stunden, Abschiede und Schwierigkeiten. An das denken, wofür wir Gott und anderen Menschen danken können. Der eigene Jahresrückblick wird zwar nicht im Fernsehen gezeigt, ist aber für uns persönlich viel wichtiger.

Im Nachdenken wird das, was wir erlebt haben, zu Erfahrungen, auf die wir im neuen Jahr aufbauen können.

Ein Wort aus den biblischen Psalmen für die Tage der Zwischenzeit. „Ich hoffe auf dich und spreche: Du bist mein Gott, meine Zeit steht in deinen Händen."

Inhaltsverzeichnis

Die Autoren

Eckhard Oldenburg,
Jahrgang 1956, verheiratet, vier erwachsene Kinder. Theologiestudium in Münster und Heidelberg. Nachdem er elf Jahre Leiter des Missionarischen Zentrums in Hanstedt war, arbeitet er derzeit als Pastor in Lüneburg und schreibt regelmäßig Andachten für den NDR.

Gabi Marks,
37 Jahre, verheiratet, drei Kinder. Die Diplom-Sozialarbeiterin und Fotografin wohnt in Leer.

Unsere Empfehlungen

Gute Tage • *52 Impulse zum Leben*
Prägnante Bilder und eine liebevolle Gestaltung unterstreichen die 52 bewegenden Beiträge beliebter christlicher Autoren. Lassen Sie sich berühren, ermutigen und motivieren. Entdecken Sie neue, farbenfrohe Perspektiven auf das Wirken Gottes.
Bildband, gebunden, 128 S., 14 x 21 cm,
RKW 518 • ISBN 978-3-88087-518-0

Die Schatzkiste
52 Impuls-Geschichten für's Leben
Aha-Effekte mit Schmunzel-Garantie. Die Mischung aus Lebensweisheiten und augenzwinkernden Pointen ist das Erfolgsrezept dieser bezaubernden Geschichten-Sammlung. Sie vereint funkelnde Kostbarkeiten und wird für jeden, der sie aufschlägt zur wahren Schatzkiste.
Bildband, gebunden, 128 Seiten, 12 x 17 cm.
RKW 514 • ISBN 978-3-88087-514-2

Peter Strauch • **Echt**
52 Impulse für ein glaubwürdiges Christsein
Mit seinen offenen Augen nimmt Peter Strauch uns mit auf eine anregende Reise voller Gedankenanstöße. Ein Lese- und Impulsbuch zum Entdecken und Weiterdenken.
Bildband, gebunden, 128 Seiten, 12 x 17 cm.
RKW 774 • ISBN 978-3-88087-774-0

www.kawohl.de